BEI GRIN MACHT SICH IHR WISSEN BEZAHLT

AF151382

- Wir veröffentlichen Ihre Hausarbeit,
  Bachelor- und Masterarbeit

- Ihr eigenes eBook und Buch -
  weltweit in allen wichtigen Shops

- Verdienen Sie an jedem Verkauf

Jetzt bei www.GRIN.com hochladen
und kostenlos publizieren

GRIN ☺

Arne Hellwig

Der diskrete Charme der Diskriminierung - Über die versteckte Diskriminierung von Frauen im Erwerbsleben

GRIN Verlag

Bibliografische Information der Deutschen Nationalbibliothek:

Die Deutsche Bibliothek verzeichnet diese Publikation in der Deutschen National-bibliografie; detaillierte bibliografische Daten sind im Internet über http://dnb.d-nb.de/ abrufbar.

Impressum:

Copyright © 2008 GRIN Verlag GmbH
Druck und Bindung: Books on Demand GmbH, Norderstedt Germany
ISBN: 978-3-638-95436-5

Dieses Buch bei GRIN:

http://www.grin.com/de/e-book/93512/der-diskrete-charme-der-diskriminierung-ueber-die-versteckte-diskriminierung

GRIN - Your knowledge has value

Der GRIN Verlag publiziert seit 1998 wissenschaftliche Arbeiten von Studenten, Hochschullehrern und anderen Akademikern als eBook und gedrucktes Buch. Die Verlagswebsite www.grin.com ist die ideale Plattform zur Veröffentlichung von Hausarbeiten, Abschlussarbeiten, wissenschaftlichen Aufsätzen, Dissertationen und Fachbüchern.

Besuchen Sie uns im Internet:

http://www.grin.com/

http://www.facebook.com/grincom

http://www.twitter.com/grin_com

Justus Liebig Universität Gießen
Fachbereich Sozial- und Kulturwissenschaften
Institut für Soziologie
WS 2007/2008

Veranstaltung: (Vor-)Berufliche Sozialisation und Geschlecht

Referatsausarbeitung

„*Der diskrete Charme der Diskriminierung*"

Datum der Abgabe: 15/04/2008

Inhalt

1. Einleitung

Chancengleichheit und Gleichberechtigung der Geschlechter sind grundlegende Normen unserer Gesellschaft, die fest im Grundgesetz verankert sind. So heißt es im dritten Artikel des Grundgesetzes der Bundesrepublik Deutschland:

„Männer und Frauen sind gleichberechtigt. Der Staat fördert die tatsächliche Durchsetzung der Gleichberechtigung von Frauen und Männern und wirkt auf die Beseitigung bestehender Nachteile hin" und weiter „Niemand darf wegen seines Geschlechtes ... benachteiligt oder bevorzugt werden" (Grundgesetz der Bundesrepublik Deutschland online 2007: 14).

Die zunehmende Erwersbeteiligung von Frauen und der betriebliche Strukturwandel im Zeichen der Modernisierung erwecken den Anschein, dass Gleichberechtigung und Chancengleichheit der Geschlechter auf dem Vormarsch sind. Betrachtet man die Situation von Frauen im Erwerbsleben genauer, zeigt sich jedoch, dass Frauen immer noch in schlechter bezahlten Berufen arbeiten und geringere Aufstiegschancen als Männer haben. Weiterhin erhalten sie weniger Anerkennung für ihre beruflichen Qualifikationen und Leistungen (vgl. Hofbauer / Pastner 2000: 219). Johanna Hofbauer und Ulli Pastner stellen fest, dass Anerkennungsverhältnisse über Kommunikation hergestellt werden. Auf den Ebenen des öffentlichen Diskurses und der Kommunikation in sozialer Interaktion zeigen sie auf wie Frauen Anerkennung vorenthalten wird, beziehungsweise wie von Frauen geleistete Arbeit verkannt und abgewertet wird. Außerdem thematisieren Hofbauer und Pastner historisch gewachsene und strukturelle Hintergründe der Missachtung von Frauenarbeit (vgl. Hofbauer / Pastner 2000: 222-223). Die vorliegende Referatsausarbeitung liefert Hintergründe zur (diskreten) Diskriminierung von Frauen. Die Arbeit gliedert sich in die zwei Teile „Missachtung und Diskriminierung von Frauen im Erwerbsleben" und den Teil „Fazit und Ausblick". Der Hauptteil der Arbeit „Missachtung und Diskriminierung von Frauen im Erwerbsleben" erläutert warum Frauen im Erwerbsleben Anerkennung versagt wird und welche strukturellen und historischen Ursachen für dieses Anerkennungsproblem verantwortlich sind. Weiterhin werden im Zusammenhang der Arbeitsmarktsegregation männliche Abwehrstrategien dargestellt, die angewendet werden um Frauen aus den Männerdomänen Technik und Management herauszudrängen, worauf Frauen ihrerseits Gegenstrategien entwickelt haben. Zudem wird beschrieben, wie Frauen im medialen und gesellschaftlichen Diskurs Anerkennung versagt wird und es werden diskrete Formen der Diskriminierung in der betrieblichen Interaktionswelt beleuchtet.

2. Missachtung und Diskriminierung von Frauen im Erwerbsleben

Es besteht ein Annerkennungsproblem für Frauen im Erwerbsleben. Dieses Anerkennungsproblem entsteht dadurch, dass in der Erwerbsarbeit ein männlicher Maßstab für die Anerkennung einer Leistung oder Qualifikation gilt, was sich in vielerlei Hinsicht zeigt. So sind soziale und kommunikative Kompetenzen in der Erwerbsarbeit gefragte Fähigkeiten, die besonders Frauen zugeschrieben werden. Frauen werden oftmals angestellt um genau solche Softskills zu nutzen. Bei der Bewertung der Arbeit von Frauen spielen diese Kompetenzen dann aber kaum eine Rolle. Die sozialen Geltungsbedürfnisse der Frauen werden missachtet und den Frauen wird die Möglichkeit vorenthalten ihr kulturelles Kapital in ökonomisches und symbolisches Kapital umzuwandeln (vgl. Hofbauer / Pastner 2000: 222). Kulturelles Kapital ist nach Pierre Bourdieu dasjenige Kapital über das ein Mensch durch seine Bildung und Ausbildung verfügt. Materiellen Besitz definiert Bourdieau als ökonomisches Kapital und das symbolische Kapital beschreibt die sozialen Beziehungen auf die jemand zurückgreifen kann und durch die eine Person an Ehre und Prestige gewinnen kann (vgl. Treibel 1994: 213-215). Da Frauen es im Berufleben oft nicht möglich ist ihr kulturelles Kapital in andere Kapitalsorten zu konvertieren bleiben ihnen Zugänge zu höherem Status und Einkommen verschlossen. Ein weiterer Grund für die Gültigkeit eines männlichen Maßstabs in der Erwerbsarbeit ist, dass die Familienarbeit vorrangig den Frauen zugeteilt wird, wodurch im Berufsleben die Norm der „männlichen Normalbiographie" mit langen Arbeitszeiten, kontinuierlicher Beschäftigung und Karriereorientierung zementiert wird. Arbeitgeberansprüche auf Flexibilität und Mobilität der Arbeitnehmer tragen darüber hinaus dazu bei Frauen aus der Erwerbsarbeit auszuschließen und männliche Karrieremuster und Normen zu etablieren. Der Preis für die Karriere einer Frau ist die Anpassung an eine männliche Lebensführung, männliches Freizeitverhalten und der Verzicht auf Kinder. Ferner werden für Führungsaufgaben männlich konnotierte Eigenschaften wie Rationalität, Willensstärke oder Konfliktfähigkeit erwartet. Weiblich konnotierte Eigenschaften weichen von dieser Norm ab und werden in viel geringerem Maße als berufsrelevant anerkannt (vgl. Hofbauer / Pastner 220-222).

Es ist festzustellen, dass im Bereich der Erwerbsarbeit männliche Normen in den Bereichen Arbeitsbewertung und Lebensführung gelten. Alles was von diesen Normen abweicht wird nicht beachtet und nicht geschätzt. Sowohl Männern als auch Frauen wird die Möglichkeit genommen, sich von der geltenden männlichen Norm abzugrenzen. Qualifikationen und Leistungen von Frauen oder Männern, die vom traditionellen Maskulinitätsideal abweichen werden weder wahrgenommen, noch wertgeschätzt. Die Anerkennung wird Abweichlern schlichtweg verweigert. (vgl. Hofbauer / Pastner 2000: 222-223).

2.1 Historische und strukturelle Ursachen

Die Verweigerung von Anerkennung und die Missachtung von Frauenarbeit ist historisch gewachsen. Der Geschlechterdualismus, die Definition von zwei Geschlechtern mit zugewiesenen Eigenschaften bestimmt immer noch die moderne Gesellschaft. Die Wurzeln des Geschlechterdualismus reichen in die Zeit der Industrialisierung zurück. Durch die zunehmenden Mobilitätsanforderungen an die Arbeitnehmer während der Industrialisierung erhielten insbesondere die Frauen des Bürgertums den Platz im Haus bei der Familie zugewiesen, während der Mann als Ernährer der Familie zwischen Wohnort und Arbeitsort pendelte. Die Aufgaben in der dualen Ökonomie mit den Bereichen Produktion und Reproduktion waren klar verteilt. Die Aufgabe der Frau war es einen behaglichen Rückzugsort für die Familie einzurichten. Da aber die Verrichtung der harten und schmutzigen Hausarbeit nicht mit dem sanften und lieblichem Frauenbild in Einklang zu bringen war, wurde die Hausarbeit als Liebesdienst umgedeutet und bewertet (vgl. Hofbauer / Pastner 2000: 225). Frauen arbeiteten in Berufsfeldern die eng mit der Hausarbeit zusammenhingen. Frauen nähten, waren in der Pflege beschäftigt und verkauften oder produzierten Lebensmittel. Von anderen Berufen waren sie ausgeschlossen, wobei die als weiblich konstruierten Fähigkeiten schlecht bezahlt und abgewertet wurden. Bis heute sind Arbeitsmarktsegregation und Konzentration sowie die Einkommensnachteile von Frauen bestehen geblieben . Frauen steht ein weniger breites Berufsspektrum zur Verfügung als Männern und sie beziehen ein geringeres Gehalt. Die Männer bleiben in ihren Berufen unter sich. Führungskräfte sind in Frauen wie Männerberufen männlich. (vgl. Hofbauer / Pastner 2000: 226). Zusätzlich zur Segregation als Trennung nach Tätigkeiten, Berufen und Wirtschaftsklassen kommt eine vertikale Segregation nach Hierarchiestufen. Es gilt die Faustregel je höher eine Position ist, desto geringer ist die Wahrscheinlichkeit eine Frau anzutreffen. Die Arbeitsmarktsegregation wird durch Zuschreibungspraktiken aufrechterhalten. So gilt für Frauen immer noch ein Techniktabu. Frauen bedienen zwar Maschinen, die Entwicklung und Beherrschung von Maschinen gilt aber als Männersache. Pflege- und Sorgearbeit hingegen gilt als Frauenarbeit, die als Liebesdienst und Sonderform häuslicher Sorgearbeit umgedeutet wird, wodurch die Professionalität der Arbeit beziehungsweise der Arbeitscharakter aberkannt wird. In der häuslichen Arbeit, bei der es darum geht einen ursprünglichen Zustand der Ordnung und Sauberkeit wiederherzustellen, zeigt sich, dass die Arbeit an sich unsichtbar ist. Gute Hausarbeit zeichnet sich dadurch aus, dass sie unsichtbar ist. Diese Unsichtbarkeit der Arbeit findet sich auch in anderen Arbeitbereichen von Frauen wieder (vgl. Hofbauer / Pastner 2000: 227). Ein weiterer Aspekt, der Arbeitsmarktsegregation und Konzentration stützt, sind Stereotypen. Frauen sagt man nach sie seien emotional, sozial, passiv und schwach, während Männern zugeschrieben wird sie seien stark, vernünftig und aktiv. Die Vorstellung von Weiblichkeit ist also genau das Gegenteil der Vorstellung von Männlichkeit. Der Stereotyp der Männlichkeit bedarf eines Anti Typus. Bezeichnend dabei ist, dass die Vorstellung von Weiblichkeit ohne den Einfluss von Frauen durch bürgerliche Geschlechtertheoretiker erfunden wurde. Abweichungen von den traditionellen Geschlechterklischees wurden sanktioniert, wobei Bilder wie das Mannweib oder der unmännliche Mann eine Abschreckungsfunktion hatten. Stereotypen sind resistent gegenüber Veränderungen, da Stereotypen von großem Nutzen sind. Stereotypen erleichtern die Orientierung in komplexen Situationen indem sie Unbekanntes auf Bekanntes reduzieren, wodurch die Umgebung schneller wahrgenommen und gedeutet werden kann. Eine weitere Funktion von Stereotypen ist die Aufrechterhaltung des Status Quo. Frauen, die in Männerdomänen wie Management oder Technik vorstoßen wird mit Stereotypen begegnet. So werden Interessen und Privilegien verteidigt. Anerkennung wird den Frauen versagt. Insgesamt stellen Hofbauer und Pastner fest, dass die Geschlechtertrennung bis heute erhalten geblieben ist. Die Geschlechtertrennung tritt allerdings eher implizit auf. So gibt es keine Beschäftigungsverbote für Frauen mehr, dennoch gibt es eine Vergeschlechtlichung von Arbeitsplätzen und Tätigkeiten. (vgl. Hofbauer / Pastner 2000: 227-228).

2.2 Arbeitsmarksegregation und Geschlechterstrategien

Die Vergeschlechtlichung von Arbeitsplätzen und Tätigkeiten zeigt sich, wenn eine Frau in einem Betrieb in einen Bereich vordringt, der traditionell als Männerdomäne gilt. Es lassen sich verschiedene Strategien beobachten mit denen die Männer versuchen Frauen aus Bereichen wie Management oder Technik herauszudrängen. Die Segregation auf dem Arbeitsmarkt setzt sich auf der Betriebsebene fort, wo Frauen nur bestimmte Tätigkeiten und Plätze anvertraut und zugemutet werden. Historisch betrachtet wurden Frauen als sexualisierte Wesen stigmatisiert und aus Organisationen ausgeschlossen. Diese Stigmatisierung und die Betonung der Sexualität ist bis in die heutige Zeit erhalten geblieben. So halten britische Personalverantwortliche Frauen für ungeeignet als Versicherungsvertreterinnen zu agieren, da die Ablenkung für die Kunden zu groß sei. Das weibliche Geschlecht wird einfach mit Geschlechtsaktivität gleichgesetzt, wodurch die rationale Ordnung einer Organisation beziehungsweise eines Betriebes bedroht wird. Rationalität gilt als männliche Eigenschaft und dient zur Legitimation hegemonialer Männlichkeit im Betrieb. Wenn eine Frau in einem Betrieb in einen Bereich vordringt, der traditionell als Männerdomäne gilt, lassen sich verschiedene Strategien beobachten mit denen die Männer versuchen Frauen aus Bereichen wie Management oder Technik herauszudrängen. Um trotzdem in Männerdomänen Fuß zu fassen, müssen Frauen Strategien entwickeln um akzeptiert zu werden. Ein Problem der Frauen ist, dass Männer sie für weniger vertrauenswürdig halten und Frauen von informellen Netzwerken ausgeschlossen werden. Hinzu kommen lange Arbeitszeiten und hohe Flexibilitätsanforderungen. Weiterhin dehnen Männer die Arbeitszeit künstlich aus um Konkurrentinnen auszustechen oder Hierarchien werden verflacht um Karriereaussichten zu reduzieren. (vgl. Hofbauer / Pastner 2000: 228-230). Außerdem sind Personalentscheider es gewohnt männliche Führungskräfte einzustellen und verbinden daher Führungsfähigkeiten mit dem männlichen Geschlecht. Gegen diese Norm muss sich eine Bewerberin durchsetzen und dabei muss sie ihre Geschlechtsidentität bewahren. Frauen, die in männlich dominierten Bereichen tätig sind, müssen immer wieder beweisen, dass sie gleichwertige Arbeit leisten können. Dabei geraten sie in einen Rollenkonflikt zwischen der Rolle als Frau, die soziale Erwartungen der eigenen Genusgruppe erfüllen muss und der Berufsrolle, die durch Verhaltensanforderungen eines männlich geprägten Berufsfeldes bestimmt wird. Frauen müssen widersprüchliche Erwartungen ausbalancieren und gleichzeitig strategisch mit dem Stigma falscher Geschlechtzugehörigkeit umgehen. Zwar gibt es immer mehr Frauen im Management und die Norm der männlichen Führungskraft weicht auf, doch müssen Frauen in der Praxis den Spagat zwischen Geschlechterrolle und Führungsrolle eingehen. Dabei benutzen Frauen eine Strategie des „blending" in. Frauen erkämpfen sie keine Positionen, sondern fügen sich langsam ein. Erwartungen der männlichen Mitarbeiter und Vorgesetzten werden dabei erfüllt, damit diese sich nicht überrannt fühlen. Diese Strategie scheint weniger riskant und aufwendig als das offene Erkämpfen von Positionen. Es ist festzustellen, dass Frauen auf der Organisationsebene durch Strategien der Männer und dadurch, dass männliche Führungskräfte als Norm gelten der Chancengleichheit beraubt und diskriminiert werden. (vgl. Hofbauer / Pastner 2000: 230-232).

2.3. Versagung von Anerkennung im gesellschaftlichen und im medialen Diskurs

Im gesellschaftlichen und medialen Diskurs wird deutlich wie Frauen diskriminiert und ihnen Anerkennung versagt wird. Betrachtet man die Gattung Werbung werden Frauen entweder in typisch weiblichen und untergeordneten Positionen wie Krankenschwester oder Sekretärin gezeigt oder Frauen werden in Traumberufen wie Anwältin oder Managerin dargestellt. Insgesamt sind berufstätige Frauen in der Werbung aber eher die Ausnahme. Insbesondere wenn es um prestigeträchtige Positionen geht, dominieren bei der Darstellung in der Werbung eindeutig die Männer. Eine besondere Darstellungsform in der Werbung ist das Konstrukt der Karrierefrau. Die Karrierefrau wird im Gegensatz zum Mann, in der Werbefotografie immer mit erotischer Ausstrahlung oder romantisch engagiert dargestellt. Der Mann wird so dargestellt, dass er konzentrierter als die Frau erscheint. (vgl. Hofbauer / Pastner 2000: 233-234). Die Werbung verdichtet Bilder zu Stereotypen, die innerhalb weniger Sekunden zu entziffern sind Dies beinhaltet im Fall der Geschlechter Idealvorstellungen von Männlichkeit und Weiblichkeit. Die Werbung nutzt derartige Idealbilder um innerhalb weniger Sekunden etwas darzustellen, das sich schnell und einfach erfassen lässt. Die Ritualisierungen der Werbung sind verdichtete Stereotypen. Es handelt sich um Hyper- Ritualisierungen (vgl. Kautt / Willems 2003: 28-30). Im Fall der Karrierefrau wird das Bild einer dynamischen, gestylten Frau gezeichnet, die lächelnd und mit Leichtigkeit einen langen Arbeitstag hinter sich bringt und dabei von Business Accessoires wie Notebook oder Mobiltelefon umgeben ist. Dieses Bild der Karrierefrau präsentiert zwei Idealbilder. Auf der einen Seite geht es um die Annäherung an das Frauenideal, bei dem es sich um ein Schönheitsideal handelt. Auf der anderen Seite präsentieren Symbole wie Notebook oder Mobiltelefon die Business Welt. Johanna Hofbauer und Ulli Pastner stellen fest, dass es nicht zu einer Verschmelzung zweier Sinnwelten kommt, vielmehr wird die Symbolik zweier Welten so zusammengesetzt wird, dass die historische und ideologische Trennung dieser Welten immer noch sichtbar bleibt. Die Trennung zwischen dem weiblichen Geschlecht und der beruflichen Macht oder Karriere bleibt bestehen. Besonders deutlich zeigt sich die Trennung zwischen weiblichem Geschlecht und beruflicher Macht im Sprachkonstrukt Karrierefrau. Bei dem Begriff Karrierefrau werden zwar auf den ersten Blick die beiden Sinnwelten Weiblichkeit und berufliche Macht zusammengebracht, metasprachlich wird aber weiterhin die Trennung der Sphären kommuniziert. Das Konzept der Karrierefrau ist ein gutes Beispiel dafür, was für Frauenbilder im medialen Diskurs angeboten werden. Das Bild der Karrierefrau zeigt, dass es für Frauen prinzipiell möglich ist in höhere Machtpositionen zu gelangen. Gleichzeitig verdeutlicht das Konstrukt der Karrierefrau aber, dass die Karrierefrau jenseits der Normalität von

Weiblichkeit und jenseits der Norm-Karriere steht. Weiterhin wird durch das Idealbild der Karrierefrau, die auch privat erfolgreich ist, ein im wirklichen Leben nur schwer und unter großen Anstrengungen zu erfüllendes Idealbild dargestellt, dass eine Abschreckungsfunktion besitzt. Es wird deutlich, dass bei der Darstellung von Frauen in Machtpositionen ein doppelter Standard für soziale Anerkennung angelegt wird. Bei der Darstellung von Frauen in Machtpositionen wird immer auch das weibliche Geschlecht thematisiert und Frauen werden aufgefordert mehr Geschlecht darzustellen als es für ihre Tätigkeit erforderlich wäre. Von Interesse für die Öffentlichkeit ist, dass es eine Frau in eine Machtposition geschafft hat. Fragen von Journalisten zielen auf die Ebene der Familie und die Besonderheit einer Frau in einer Führungsposition ab. Es ist das Geschlecht, nicht die Leistung das von Interesse ist. Die mediale Darstellung von Karrierefrauen ist zwar keine offene Form von Missachtung, dennoch besteht die Gefahr, dass private Details und Weiblichkeitsstereotype berufliche Leistungen, Befähigungen und Erfolge verblassen lassen. Johanna Hofbauer und Ulli Pastner stellen fest, dass es im Interesse der Frauen liegt wenn der Verweis auf das Geschlecht aus dem beruflichen Kontext herausgehalten wird, da sie so dem Ausschluss aus Organisationen aufgrund ihrer Sexualität als Frauen und damit als Risiko für die rationale Organisation, entgegenwirken können. Ferner sollte Höflichkeiten und Komplimenten, die sich bewusst auf das Geschlecht als Frau beziehen mit Misstrauen begegnet werden, da es sich um eine Pseudo-Anerkennung handelt, die bestehende soziale Herrschaftsverhältnisse widerspiegelt und festigt. Frauen wird auf diese Weise Anerkennung für professionelle Leistungen in der Betriebswelt vorenthalten (vgl. Hofbauer / Pastner 2000: 234-236).

2.4 Sprachliche Diskriminierung von Frauen in der betrieblichen Interaktion

Die kommunikative Vermittlung von Anerkennung oder Missachtung in der betrieblichen Interaktion wird von den Autorinnen Johanna Hofbauer und Ulli Pastner anhand der sprachlichen Adressierungen „Mädels im Management" und „Damen aus der Reinigung" untersucht. Frauen werden heutzutage nicht mehr offensichtlich diskriminiert oder missachtet. Vielmehr sind es unauffällige Zweideutigkeiten, die auf eine Missachtung von Frauen aufmerksam machen. Die Anrede „Mädels im Management" ist eine solche Zweideutigkeit, durch die eine überwundene berufliche Ausgrenzung reaktiviert wird und durch die eine vollzogene Integration von Frauen im Management ignoriert wird. Dieser historische Verweis verleiht der Anrede ihren diskriminierenden Unterton. Weiterhin ignoriert die Anrede „Mädels im Management" die berufliche Statushierarchie und betont die Geschlechterhierarchie. Ein Mädel ist ein kindliches, kindfrauliches Wesen, dass noch keine erwachsene Frau ist. Die Bezeichnung „Mädels" infantilisiert somit die jeweilige Adressatin und schafft gleichzeitig eine Art hierarchisches Vaterverhältnis. Wird eine Frau mit einer Redeweise wie „Mädel im Management" angesprochen, ist sie gezwungen ihre berufliche Autorität wiederherzustellen und die soziale Grenzverletzung abzuwehren. Dabei kommt es aber immer auf den Kontext an in dem die Äußerung gemacht wurde, und auf die Beziehung in der die Interaktionsteilnehmer zueinander stehen. Nicht immer wird eine bestimmte Redeweise auch als Angriff erlebt. Besteht aber eine gewisse Distanz zwischen den Interaktionsteilnehmern, muss die Frau reagieren, um ihre Integrität zu schützen. Dazu kann sie sich einer Coping Strategie wie Ironie oder Humor bedienen. Ist die Frau nicht schlagfertig genug, kann sie überrumpelt werden und sich gezwungen sehen auf den vorgegebenen Codewechsel einzusteigen, so dass von der betrieblichen Hierarchie in die Geschlechterhierrarchie gewechselt wird (vgl. Hofbauer / Pastner 2000: 237-238).Die Redeweise „Damen aus der Reinigung" wirkt auf den ersten Blick nicht diskriminierend. Es handelt sich um eine vordergründige Respektbezeugung. Diese Respektbezeugung wertet die harte und mit niedrigem sozialen Status versehene Arbeit in einer Reinigung auf und kann für die Frauen aus der Reinigung als Entlastung und Wohltat im harten Arbeitsalltag wirken. Diese Anerkennung ändert jedoch nichts an der prestigelosen Arbeit. Einkommen und Arbeitsbedingungen bleiben gleich. Die Ernennung der Reinigungskräften zu „Damen aus der Reinigung" als Verehrungsritual ist eine widersprüchliche Geste. Die große Arbeitsbelastung der Frauen müsste eigentlich Anerkennung verdienen. Viele Männer würden solche Arbeit selbst nie machen und erzeugen durch die Redeweise „Damen aus der Reinigung" eine größere Distanz zu den Reinigungskräften. Gleichzeitig entsteht die Illusion der Verehrung der Damen, die den Frauen keinen Vorteil verschafft. Es handelt sich um eine Idealisierung, eine künstliche Überhöhung, die nach Goffman den Zweck hat, dass sich Menschen mit unterprivilegierten Positionen zufrieden geben. Mit beiden Adressierungen „Mädels im Management" und „Damen aus der Reinigung" wird der Interaktion ein Rahmen gesetzt, dem sich die Frauen nur schwer entziehen können. Der Sprecher übt allein durch die Rahmensetzung Macht auf die Adressatin aus. Die Frau steht unter Zugzwang und muss auf die Anrufung reagieren, was die symbolische Gewalt hinter Strategien ambivalenter Positionierung zeigt. Dabei ist davon auszugehen, dass eine Frau die als Frau und nicht als Kollegin angesprochen wird, auch als Frau reagieren wird. Der Grund dafür sind praktische Erfahrungen der Frau im Zusammenhang mit Verehrungs- und Werbungsriualen. Die Frau spielt mit, da sie sich an Verehrungs- und Werbungsrituale erinnert fühlt und inszeniert mehr Geschlecht als für ihren Status erforderlich und förderlich ist. Das Anerkennungsproblem dabei ist, dass die Wertschätzung und Wahrnehmung durch die Männerwelt sich traditionelle Aspekte von Weiblichkeitskonstruktion beziehen. So wird ein Raum für sexistische Diskriminierung und Ausschluss geschaffen, den die Adressatin in ihrer persönlichen Position schon verlassen haben mag. Der Verweis auf das Geschlecht nimmt der Frau die Möglichkeit in dem Maß Anerkennung für ihre beruflichen Leistung zu erhalten, in dem männliche Kollegen Anerkennung erhalten (vgl. Hofbauer / Pastner 2000: 239-240).

3. Fazit und Ausblick

Insgesamt stellen Johanna Hofbauer und Ulli Pastner fest, dass die Missachtung von Frauen im Erwerbsleben immer noch ein Problem ist. Frauen wird die Anerkennung für ihre beruflichen Leistungen verweigert. Die Verweigerung von Anerkennung lässt sich auf verschiedenen Ebenen beobachten. Auf der Makrosozialen Ebene sind es die Vergeschlechtlichung und Stereotypisierung von Tätigkeiten und Arbeitsplätzen, die für eine Diskriminierung der Frau im Arbeitsleben verantwortlich sind. Mediale Konstrukte wie das Konstrukt der Karrierefrau tragen dazu bei Stereotype zu stützen. Auf der Mikrosozialen Ebene wird in Interaktionsrituale eine unauffällige Diskriminierung der Frau deutlich. Da Anerkennungsverhältnisse wesentlich über Kommunikation hergestellt werden, sind es soziale Redeweisen in Interaktionsritualen, die dazu beitragen Frauen in untergeordnete Positionen zu drängen. In anderen Rahmen mag Werbungsverhalten Anerkennung und Verehrung bedeuten, im Erwerbsleben ist mit Werbungsverhalten immer eine potentielle Abwertung der Adressatin verbunden. Die Adressatin wird nicht in ihrer Rolle als Kollegin, sondern in ihrer Rolle als Frau angesprochen, wodurch ihr professioneller Status und ihre Kompetenz untergraben werden. Auf diese Weise wird im Berufsalltag die Geschlechterordnung aufrecht erhalten und Frauen wird systematisch Gleichheit und Anerkennung verwehrt. Um die Diskriminierung von Frauen im Arbeitsleben zu stoppen und stereotype Geschlechtergrenzen in der Wahrnehmung und Wertschätzung von Qualifikationen und beruflichen Leistungen zu dekonstruieren, schlagen Hofbauer und Pastner eine Strategie der Aufklärung vor. Den Menschen muss die Vergeschlechtlichung der Welt und die Übersetzung in scheinbar unernste Alltagsrituale immer wieder bewusst gemacht werden. (vgl. Hofbauer / Pastner 2000: 240-241). Modelle wie der Top Down Ansatz Gender Mainstreaming zielen auf die Aufklärung über Geschlechterrollen ab, um so Gleichstellungsprozesse anzustoßen (vgl. Schwerma / von Marschall 2004: 25f). Es ist kritisch zu hinterfragen, ob von oben verordnete Aufklärungsarbeit wirklich etwas ändern kann oder ob durch verordnete Gleichstellungsseminare, nicht vielmehr eine gewisse Anti-

Haltung auf Seiten der Teilnehmer hervorgerufen wird. Weiterhin besteht die Frage ob Aufklärungsarbeit im Sinne von Johanna Hofbauer und Uli Pastner überhaupt angenommen und umgesetzt wird. Fest steht, dass Stereotypen und Geschlechterrollen tief im kollektiven Gedächtnis der Menschen verankert sind und sich genau wie die dazu gehörigen Interaktionsrituale nur sehr langsam verändern. Die Menschen wehren sich regelrecht gegen die Gleichstellung der Geschlechter und scheinen sich in ihren Geschlechterrollen ganz wohl zu fühlen. Das Problem daran ist, dass Männern wie Frauen bestimmte Bereiche verschlossen bleiben. Eine genaue Beachtung von bestimmten Redeweisen zeigt recht deutlich wie tief Stereotype und damit verbunden diskrete Diskriminierungsformen in den Menschen verwurzelt sind. Bis die Diskriminierung von Frauen und in geringerem Maße von Männern gestoppt ist und bis männliche Bewertungsnormen abgeschafft sind, beziehungsweise bis es eine wirkliche Gleichstellung der Geschlechter gibt, ist es sicherlich noch ein weiter Weg.

Literaturverzeichnis

Grundgesetz der Bundesrepublik Deutschland online (2007): URL:
http://www.bundestag.de/parlament/funktion/gesetze/grundgesetz/index.html. 19.03.2008.

Hofbauer, Johanna; Pastner, Ulli (2000): Der diskrete Charme der Diskriminierung. In:
Holtgrewe, U; Voswinkel, S.; Wagner, G. (Hg.): Anerkennung und Arbeit. Konstanz: UVK.
S.219 - 246.

Kautt, York; Willems, Herbert (2003): Theatralität der Werbung: Theorie und Analyse
massenmedialer Wirklickeit. Berlin;New York: Campus.

Schwerma, Klaus; von Marschall, Andrea (2004): Vom Mauerblümchen zum Straßenfeger?
Geschlechtliche Gleichstellung als Querschnittsaufgabe in Organisation und Unternehmen.
In: Boeckle, Bettina; Ruf, Michael (Hg.): Eine Frage des Geschlechts. Ein Gender-Reader.
Wiesbaden: VS. S.21 – 39.

Treibel, Annette (1994): Einführung in soziologische Theorien der Gegenwart. Opladen:
Leske + Budrich.